SO-AHH-170

Thoughts of Dog

2019-2020 16-Month Weekly/Monthly Planner

i think.
what's really important here.
is i love you

Andrews McMeel
PUBLISHING®
www.andrewsmcmeel.com

Thoughts of Dog 2019-2020 16-Month Weekly/Monthly Planner copyright © 2019 by Matt Nelson. Printed in China. No part of this calendar may be used or reproduced in any manner whatsoever without written permission except in the case of reprints in the context of reviews. For information write Andrews McMeel Publishing, a division of Andrews McMeel Universal, 1130 Walnut Street, Kansas City, Missouri 64106.

Every effort has been made to ensure the accuracy of listed holiday dates, however, some may have changed after publication for official or cultural reasons.

Illustrations by Tyler Macke

Based of Twitter's @dog_feelings by Matt Nelson, creator of WeRateDogs

www.andrewsmcmeel.com

ISBN-13: 978-1-5248-5104-0

2020

JANUARY

S	M	T	W	T	F	S
			1	2	3	4
5	6	7	8	9	10	11
12	13	14	15	16	17	18
19	20	21	22	23	24	25
26	27	28	29	30	31	

FEBRUARY

S	M	T	W	T	F	S
						1
2	3	4	5	6	7	8
9	10	11	12	13	14	15
16	17	18	19	20	21	22
23	24	25	26	27	28	29

MARCH

S	M	T	W	T	F	S
1	2	3	4	5	6	7
8	9	10	11	12	13	14
15	16	17	18	19	20	21
22	23	24	25	26	27	28
29	30	31				

APRIL

S	M	T	W	T	F	S
			1	2	3	4
5	6	7	8	9	10	11
12	13	14	15	16	17	18
19	20	21	22	23	24	25
26	27	28	29	30		

MAY

S	M	T	W	T	F	S
					1	2
3	4	5	6	7	8	9
10	11	12	13	14	15	16
17	18	19	20	21	22	23
24	25	26	27	28	29	30
31						

JUNE

S	M	T	W	T	F	S
	1	2	3	4	5	6
7	8	9	10	11	12	13
14	15	16	17	18	19	20
21	22	23	24	25	26	27
28	29	30				

JULY

S	M	T	W	T	F	S
			1	2	3	4
5	6	7	8	9	10	11
12	13	14	15	16	17	18
19	20	21	22	23	24	25
26	27	28	29	30	31	

AUGUST

S	M	T	W	T	F	S
						1
2	3	4	5	6	7	8
9	10	11	12	13	14	15
16	17	18	19	20	21	22
23	24	25	26	27	28	29
30	31					

SEPTEMBER

S	M	T	W	T	F	S
		1	2	3	4	5
6	7	8	9	10	11	12
13	14	15	16	17	18	19
20	21	22	23	24	25	26
27	28	29	30			

OCTOBER

S	M	T	W	T	F	S
				1	2	3
4	5	6	7	8	9	10
11	12	13	14	15	16	17
18	19	20	21	22	23	24
25	26	27	28	29	30	31

NOVEMBER

S	M	T	W	T	F	S
1	2	3	4	5	6	7
8	9	10	11	12	13	14
15	16	17	18	19	20	21
22	23	24	25	26	27	28
29	30					

DECEMBER

S	M	T	W	T	F	S
		1	2	3	4	5
6	7	8	9	10	11	12
13	14	15	16	17	18	19
20	21	22	23	24	25	26
27	28	29	30	31		

September 2019

SUN	MON	TUE	WED	THU	FRI	SAT
1 Father's Day (Australia, NZ)	2 Labor Day (USA, Canada)	3	4	5	6	7
8	9	10	11	12	13	14
15	16	17	18	19	20	21 U.N. International Day of Peace
22	23	24	25	26	27	28
29	30 Rosh Hashanah* Queen's Birthday (Australia—WA)					

*Begins at sundown the previous day

October 2019

SUN	MON	TUE	WED	THU	FRI	SAT
		1 Rosh Hashanah ends	2	3	4	5
6	7 Labour Day (Australia—ACT, SA, NSW) Queen's Birthday (Australia—QLD)	8	9 Yom Kippur*	10	11	12
13	14 Columbus Day (USA) Thanksgiving (Canada)	15	16	17	18	19
20	21	22	23	24 United Nations Day	25	26
27	28 Labour Day (NZ) Bank Holiday (Ireland)	29	30	31 Halloween		

*Begins at sundown the previous day

November 2019

SUN	MON	TUE	WED	THU	FRI	SAT
					1	2
3	4	5 Election Day (USA)	6	7	8	9
10	11 Veterans' Day (USA) Remembrance Day (Canada, Ireland, UK)	12	13	14	15	16
17	18	19	20	21	22	23
24	25	26	27	28 Thanksgiving (USA)	29	30 St. Andrew's Day (UK)

December 2019

SUN	MON	TUE	WED	THU	FRI	SAT
1	2	3	4	5	6	7
8	9	10 Human Rights Day	11	12	13	14
15	16	17	18	19	20	21
22	23 Hanukkah*	24 Christmas Eve	25 Christmas Day	26 Kwanzaa begins (USA) Boxing Day (Canada, NZ, UK, Australia—except SA) St. Stephen's Day (Ireland) Proclamation Day (Australia—SA)	27	28
29	30 Hanukkah ends	31				

*Begins at sundown the previous day

January 2020

SUN	MON	TUE	WED	THU	FRI	SAT
			1 New Year's Day Kwanzaa ends (USA)	**2** New Year's Day (observed) (NZ) Bank Holiday (UK—Scotland)	**3**	**4**
5	**6**	**7**	**8**	**9**	**10**	**11**
12	**13**	**14**	**15**	**16**	**17**	**18**
19	**20** Martin Luther King Jr. Day (USA)	**21**	**22**	**23**	**24**	**25**
26 Australia Day	**27** Australia Day (observed)	**28**	**29**	**30**	**31**	

February 2020

SUN	MON	TUE	WED	THU	FRI	SAT
						1
2	3	4	5	6 Waitangi Day (NZ)	7	8
9	10	11	12	13	14 St. Valentine's Day	15
16	17 Presidents' Day (USA)	18	19	20	21	22
23	24	25	26 Ash Wednesday	27	28	29

March 2020

SUN	MON	TUE	WED	THU	FRI	SAT
1 St. David's Day (UK)	**2** Labour Day (Australia—WA)	**3**	**4**	**5**	**6**	**7**
8 International Women's Day	**9** Eight Hours Day (Australia—TAS) Canberra Day (Australia—ACT) Labour Day (Australia—VIC) Commonwealth Day (Australia, Canada, NZ, UK)	**10** Purim*	**11**	**12**	**13**	**14**
15	**16**	**17** St. Patrick's Day	**18**	**19**	**20**	**21**
22 Mothering Sunday (Ireland, UK)	**23**	**24**	**25**	**26**	**27**	**28**
29	**30**	**31**				

*Begins at sundown the previous day

April 2020

SUN	MON	TUE	WED	THU	FRI	SAT
			1	2	3	4
5 Palm Sunday	6	7	8	9 Passover*	10 Good Friday (Western)	11 Easter Saturday (Australia—except TAS, WA)
12 Easter (Western)	13 Easter Monday (Australia, Canada, Ireland, NZ, UK—except Scotland)	14	15	16 Passover ends	17 Holy Friday (Orthodox)	18
19 Easter (Orthodox)	20	21	22 Earth Day	23 Ramadan St. George's Day (UK)	24	25 Anzac Day (NZ, Australia)
26	27 Anzac Day (observed) (NZ, Australia—WA)	28	29	30		

*Begins at sundown the previous day

May 2020

SUN	MON	TUE	WED	THU	FRI	SAT
					1	2
3	4 May Day (Australia—NT) Labour Day (Australia—QLD) Early May Bank Holiday (Ireland, UK)	5	6	7	8	9
10 Mother's Day (USA, Australia, Canada, NZ)	11	12	13	14	15	16 Armed Forces Day (USA)
17	18 Victoria Day (Canada)	19	20	21	22	23 Eid al-Fitr
24 31	25 Memorial Day (USA) Spring Bank Holiday (UK)	26	27	28	29	30

June 2020

SUN	MON	TUE	WED	THU	FRI	SAT
	1 Queen's Birthday (NZ) Western Australia Day Spring Bank Holiday (Ireland)	**2**	**3**	**4**	**5**	**6**
7	**8** Queen's Birthday (Australia—except QLD, WA)	**9**	**10**	**11**	**12**	**13**
14 Flag Day (USA)	**15**	**16**	**17**	**18**	**19**	**20**
21 Father's Day (USA, Canada, Ireland, UK)	**22**	**23**	**24**	**25**	**26**	**27**
28	**29**	**30**				

July 2020

SUN	MON	TUE	WED	THU	FRI	SAT
			1 Canada Day	2	3	4 Independence Day (USA)
5	6	7	8	9	10	11
12	13	14	15	16	17	18
19	20	21	22	23	24	25
26	27	28	29	30 Eid al-Adha	31	

August 2020

SUN	MON	TUE	WED	THU	FRI	SAT
						1
2	3 Summer Bank Holiday (Ireland, UK—Scotland, Australia—NSW) Picnic Day (Australia—NT)	4	5	6	7	8
9	10	11	12	13	14	15
16	17	18	19	20	21	22
23	24	25	26	27	28	29
30	31 Summer Bank Holiday (UK—except Scotland)					

September 2020

SUN	MON	TUE	WED	THU	FRI	SAT
		1	2	3	4	5
6 Father's Day (Australia, NZ)	7 Labor Day (USA, Canada)	8	9	10	11	12
13	14	15	16	17	18	19 Rosh Hashanah*
20 Rosh Hashanah ends	21 U.N. International Day of Peace	22	23	24	25	26
27	28 Yom Kippur* Queen's Birthday (Australia—WA)	29	30			

*Begins at sundown the previous day

October 2020

SUN	MON	TUE	WED	THU	FRI	SAT
				1	2	3
4	5 Labour Day (Australia—ACT, SA, NSW) Queen's Birthday (Australia—QLD)	6	7	8	9	10
11	12 Columbus Day (USA) Thanksgiving (Canada)	13	14	15	16	17
18	19	20	21	22	23	24 United Nations Day
25	26 Labour Day (NZ) Bank Holiday (Ireland)	27	28	29	30	31 Halloween

November 2020

SUN	MON	TUE	WED	THU	FRI	SAT
1	2	3 Election Day (USA)	4	5	6	7
8	9	10	11 Veterans' Day (USA) Remembrance Day (Canada, Ireland, UK)	12	13	14
15	16	17	18	19	20	21
22	23	24	25	26 Thanksgiving (USA)	27	28
29	30 St. Andrew's Day (UK)					

December 2020

SUN	MON	TUE	WED	THU	FRI	SAT
		1	2	3	4	5
6	7	8	9	10 Human Rights Day	11 Hanukkah*	12
13	14	15	16	17	18 Hanukkah ends	19
20	21	22	23	24 Christmas Eve	25 Christmas Day	26 Kwanzaa begins (USA) Boxing Day (Canada, NZ, UK, Australia—except SA) St. Stephen's Day (Ireland)
27	28 Boxing Day (observed) (NZ, UK, Australia—except SA) Proclamation Day (Australia—SA)	29	30	31		

*Begins at sundown the previous day

Aug-Sep 2019

Summer Bank Holiday (UK—except Scotland)

TUESDAY
27

WEDNESDAY
28

THURSDAY
29

AUGUST	SEPTEMBER
S M T W T F S	S M T W T F S
1 2 3	1 2 3 4 5 6 7
4 5 6 7 8 9 10	8 9 10 11 12 13 14
11 12 13 14 15 16 17	15 16 17 18 19 20 21
18 19 20 21 22 23 24	22 23 24 25 26 27 28
25 26 27 28 29 30 31	29 30

FRIDAY
30

SATURDAY
31

Father's Day (Australia, NZ)

SUNDAY
1

sometimes. when i'm outside.
performing my obligatory yard
shenanigans. the human will call
me. but i pretend not to hear
them. so the shenanigans
may continue

September 2019

MONDAY
2
Labor Day (USA, Canada)

TUESDAY
3

WEDNESDAY
4

THURSDAY
5

SEPTEMBER	OCTOBER
S M T W T F S	S M T W T F S
1 2 3 4 5 6 7	1 2 3 4 5
8 9 10 11 12 13 14	6 7 8 9 10 11 12
15 16 17 18 19 20 21	13 14 15 16 17 18 19
22 23 24 25 26 27 28	20 21 22 23 24 25 26
29 30	27 28 29 30 31

FRIDAY
6

SATURDAY
7

SUNDAY
8

gooooob morning. the human
is trying to leave. to do
whatever they do. but i'm
touching them. faster than
they can use a lint roller

September 2019

MONDAY
9

TUESDAY
10

WEDNESDAY
11

THURSDAY
12

SEPTEMBER
S M T W T F S
1 2 3 4 5 6 7
8 9 10 11 12 13 14
15 16 17 18 19 20 21
22 23 24 25 26 27 28
29 30

OCTOBER
S M T W T F S
1 2 3 4 5
6 7 8 9 10 11 12
13 14 15 16 17 18 19
20 21 22 23 24 25 26
27 28 29 30 31

FRIDAY

13

SATURDAY

14

SUNDAY

15

i accidentally dropped my
favorite ball. in my water bowl.
technically making a soup

September 2019

MONDAY
16

TUESDAY
17

WEDNESDAY
18

THURSDAY
19

SEPTEMBER	OCTOBER
S M T W T F S	S M T W T F S
1 2 3 4 5 6 7	1 2 3 4 5
8 9 10 11 12 13 14	6 7 8 9 10 11 12
15 16 17 18 19 20 21	13 14 15 16 17 18 19
22 23 24 25 26 27 28	20 21 22 23 24 25 26
29 30	27 28 29 30 31

FRIDAY
20

U.N. International Day of Peace

SATURDAY
21

SUNDAY
22

the best part about my stuffed
fren sebastian. is that he
listens. not only to my problems.
but to my dreams. my goals.
my ideas. for example:
peanut butter leashes

September 2019

MONDAY
23

TUESDAY
24

WEDNESDAY
25

THURSDAY
26

SEPTEMBER
S M T W T F S
1 2 3 4 5 6 7
8 9 10 11 12 13 14
15 16 17 18 19 20 21
22 23 24 25 26 27 28
29 30

OCTOBER
S M T W T F S
1 2 3 4 5
6 7 8 9 10 11 12
13 14 15 16 17 18 19
20 21 22 23 24 25 26
27 28 29 30 31

FRIDAY
27

SATURDAY
28

SUNDAY
29

the human is hosting a party.
and i am told there will be
snacks. so my goal. will be to
convince every single guest.
that i have not eaten. in
several weeks

Sep-Oct 2019

MONDAY
30

Rosh Hashanah*
Queen's Birthday (Australia—WA)

TUESDAY
1

Rosh Hashanah ends

WEDNESDAY
2

THURSDAY
3

SEPTEMBER
S M T W T F S
1 2 3 4 5 6 7
8 9 10 11 12 13 14
15 16 17 18 19 20 21
22 23 24 25 26 27 28
29 30

OCTOBER
S M T W T F S
1 2 3 4 5
6 7 8 9 10 11 12
13 14 15 16 17 18 19
20 21 22 23 24 25 26
27 28 29 30 31

*Begins at sundown the previous day

FRIDAY
4

SATURDAY
5

SUNDAY
6

rumor has it. if
you pat my noggin.
and boop my
nose. at the
same time.
i will duplicate

October 2019

MONDAY **7**	Labour Day (Australia—ACT, SA, NSW) Queen's Birthday (Australia—QLD)

TUESDAY **8**	

WEDNESDAY **9**	Yom Kippur*

THURSDAY **10**	

OCTOBER

S	M	T	W	T	F	S
		1	2	3	4	5
6	7	8	9	10	11	12
13	14	15	16	17	18	19
20	21	22	23	24	25	26
27	28	29	30	31		

NOVEMBER

S	M	T	W	T	F	S
					1	2
3	4	5	6	7	8	9
10	11	12	13	14	15	16
17	18	19	20	21	22	23
24	25	26	27	28	29	30

*Begins at sundown the previous day

FRIDAY
11

SATURDAY
12

SUNDAY
13

i was outside minding my own
business. when a leaf fell on
my noggin. i am now emperor.
of this yard

October 2019

MONDAY
14

TUESDAY
15

WEDNESDAY
16

THURSDAY
17

OCTOBER	NOVEMBER
S M T W T F S	S M T W T F S
1 2 3 4 5	1 2
6 7 8 9 10 11 12	3 4 5 6 7 8 9
13 14 15 16 17 18 19	10 11 12 13 14 15 16
20 21 22 23 24 25 26	17 18 19 20 21 22 23
27 28 29 30 31	24 25 26 27 28 29 30

FRIDAY
18

SATURDAY
19

SUNDAY
20

today was pumpkin carving day.
and i was given my very own
little pumpkin. but i got too
attached to it. and when it
was time to carve. i didn't
let anyone near it

October 2019

MONDAY
21

TUESDAY
22

WEDNESDAY
23

United Nations Day

THURSDAY
24

11:00   00/31
11:30
3 19 74th Av SE.
    4th & Franklin Print Shop

OCTOBER
S M T W T F S
1 2 3 4 5
6 7 8 9 10 11 12
13 14 15 16 17 18 19
20 21 22 23 24 25 26
27 28 29 30 31

NOVEMBER
S M T W T F S
1 2
3 4 5 6 7 8 9
10 11 12 13 14 15 16
17 18 19 20 21 22 23
24 25 26 27 28 29 30

FRIDAY
25

SATURDAY
26

SUNDAY
27

correct me if i'm wrong.
but i think. i would like a hug

Oct-Nov 2019

MONDAY
28

Labour Day (NZ)
Bank Holiday (Ireland)

TUESDAY
29

WEDNESDAY
30

THURSDAY
31

Halloween

OCTOBER	NOVEMBER
S M T W T F S	S M T W T F S
1 2 3 4 5	1 2
6 7 8 9 10 11 12	3 4 5 6 7 8 9
13 14 15 16 17 18 19	10 11 12 13 14 15 16
20 21 22 23 24 25 26	17 18 19 20 21 22 23
27 28 29 30 31	24 25 26 27 28 29 30

FRIDAY
1

SATURDAY
2

SUNDAY
3

this time of year. all the leaves
turn shades of muted yellow. and
soon the tiny humans. transform
into monsters. but even they.
in their spooky state. still get
to eat chocolate

November 2019

MONDAY
4

TUESDAY
5

Election Day (USA)

WEDNESDAY
6

THURSDAY
7

NOVEMBER	DECEMBER
S M T W T F S	S M T W T F S
1 2	1 2 3 4 5 6 7
3 4 5 6 7 8 9	8 9 10 11 12 13 14
10 11 12 13 14 15 16	15 16 17 18 19 20 21
17 18 19 20 21 22 23	22 23 24 25 26 27 28
24 25 26 27 28 29 30	29 30 31

FRIDAY
8

SATURDAY
9

SUNDAY
10

i took a little trip. to the school
down the road. and waited very
patiently. as the human checked
some boxes. to try and change
the world

November 2019

TUESDAY
12

WEDNESDAY
13

THURSDAY
14

NOVEMBER

S	M	T	W	T	F	S
					1	2
3	4	5	6	7	8	9
10	11	12	13	14	15	16
17	18	19	20	21	22	23
24	25	26	27	28	29	30

DECEMBER

S	M	T	W	T	F	S
1	2	3	4	5	6	7
8	9	10	11	12	13	14
15	16	17	18	19	20	21
22	23	24	25	26	27	28
29	30	31				

FRIDAY
15

SATURDAY
16

SUNDAY
17

the human thinks i won't
get excited. if they say
"doubleyouayellkay."
instead of walk.
but guess what.
i am excited

November 2019

MONDAY
18

TUESDAY
19

WEDNESDAY
20

THURSDAY
21

NOVEMBER
S M T W T F S
          1 2
3 4 5 6 7 8 9
10 11 12 13 14 15 16
17 18 19 20 21 22 23
24 25 26 27 28 29 30

DECEMBER
S M T W T F S
1 2 3 4 5 6 7
8 9 10 11 12 13 14
15 16 17 18 19 20 21
22 23 24 25 26 27 28
29 30 31

FRIDAY
22

SATURDAY
23

SUNDAY
24

i would like your attention
please. not because I'm
about to say something
important. i just like
attention

Nov-Dec 2019

MONDAY
25

TUESDAY
26

WEDNESDAY
27

Thanksgiving (USA)

THURSDAY
28

NOVEMBER	DECEMBER
S M T W T F S	S M T W T F S
1 2	1 2 3 4 5 6 7
3 4 5 6 7 8 9	8 9 10 11 12 13 14
10 11 12 13 14 15 16	15 16 17 18 19 20 21
17 18 19 20 21 22 23	22 23 24 25 26 27 28
24 25 26 27 28 29 30	29 30 31

FRIDAY
29

St. Andrew's Day (UK)

SATURDAY
30

SUNDAY
1

the human is hosting a get together. and my job. is to greet the guests. without jumping on them. a nearly impossible task

hello?

December 2019

MONDAY
2

TUESDAY
3

WEDNESDAY
4

THURSDAY
5

DECEMBER	JANUARY
S M T W T F S	S M T W T F S
1 2 3 4 5 6 7	1 2 3 4
8 9 10 11 12 13 14	5 6 7 8 9 10 11
15 16 17 18 19 20 21	12 13 14 15 16 17 18
22 23 24 25 26 27 28	19 20 21 22 23 24 25
29 30 31	26 27 28 29 30 31

FRIDAY
6

SATURDAY
7

SUNDAY
8

i tried to tell the human. that
there's a skittle under the fridge.
and it's been there a while.
but they didn't seem super
interested. that's okay.
we all have different passions

December 2019

MONDAY
9

TUESDAY
10

Human Rights Day

WEDNESDAY
11

THURSDAY
12

DECEMBER	JANUARY
S M T W T F S	S M T W T F S
1 2 3 4 5 6 7	1 2 3 4
8 9 10 11 12 13 14	5 6 7 8 9 10 11
15 16 17 18 19 20 21	12 13 14 15 16 17 18
22 23 24 25 26 27 28	19 20 21 22 23 24 25
29 30 31	26 27 28 29 30 31

FRIDAY
13

SATURDAY
14

SUNDAY
15

i had already began my snoozle. when the human became hungry. according to the law. i am awarded a portion. of whatever food is made. this is called. a dark snackum

December 2019

MONDAY
16

TUESDAY
17

WEDNESDAY
18

THURSDAY
19

DECEMBER
S M T W T F S
1 2 3 4 5 6 7
8 9 10 11 12 13 14
15 16 17 18 19 20 21
22 23 24 25 26 27 28
29 30 31

JANUARY
S M T W T F S
1 2 3 4
5 6 7 8 9 10 11
12 13 14 15 16 17 18
19 20 21 22 23 24 25
26 27 28 29 30 31

FRIDAY
20

SATURDAY
21

SUNDAY
22

soon everything will be attacked
by lights. a tree will grow inside
the household. the rain will get
fancier. and one morning.
we will open boxes.
containing our wildest dreams

December 2019

MONDAY
23
Hanukkah*

TUESDAY
24
Christmas Eve

WEDNESDAY
25
Christmas Day

THURSDAY
26
Kwanzaa begins (USA)
Boxing Day (Canada, NZ, UK, Australia—except SA)
St. Stephen's Day (Ireland)
Proclamation Day (Australia—SA)

DECEMBER	JANUARY
S M T W T F S	S M T W T F S
1 2 3 4 5 6 7	1 2 3 4
8 9 10 11 12 13 14	5 6 7 8 9 10 11
15 16 17 18 19 20 21	12 13 14 15 16 17 18
22 23 24 25 26 27 28	19 20 21 22 23 24 25
29 30 31	26 27 28 29 30 31

*Begins at sundown the previous day

FRIDAY
27

SATURDAY
28

SUNDAY
29

gooooob morning. i spotted the human. secretly putting a piece of pancake in my bowl. so the next time i get a drink. boom. surprise pancake. i am eternally grateful

Dec 2019 – Jan 2020

MONDAY
30

Hanukkah ends

TUESDAY
31

WEDNESDAY
1

New Year's Day
Kwanzaa ends (USA)

THURSDAY
2

New Year's Day (observed) (NZ)
Bank Holiday (UK—Scotland)

DECEMBER	JANUARY
S M T W T F S	S M T W T F S
1 2 3 4 5 6 7	1 2 3 4
8 9 10 11 12 13 14	5 6 7 8 9 10 11
15 16 17 18 19 20 21	12 13 14 15 16 17 18
22 23 24 25 26 27 28	19 20 21 22 23 24 25
29 30 31	26 27 28 29 30 31

FRIDAY
3

SATURDAY
4

SUNDAY
5

these crossed paws.
are no accident.
'm feeling fancy

January 2020

MONDAY

6

TUESDAY

7

WEDNESDAY

8

THURSDAY

9

JANUARY
S M T W T F S
1 2 3 4
5 6 7 8 9 10 11
12 13 14 15 16 17 18
19 20 21 22 23 24 25
26 27 28 29 30 31

FEBRUARY
S M T W T F S
1
2 3 4 5 6 7 8
9 10 11 12 13 14 15
16 17 18 19 20 21 22
23 24 25 26 27 28 29

FRIDAY
10

SATURDAY
11

SUNDAY
12

goooood morning.
the human has a big day
today. so i lent them my
stuffed fren sebastian.
he believes in everyone

January 2020

MONDAY
13

TUESDAY
14

WEDNESDAY
15

THURSDAY
16

JANUARY
S M T W T F S
1 2 3 4
5 6 7 8 9 10 11
12 13 14 15 16 17 18
19 20 21 22 23 24 25
26 27 28 29 30 31

FEBRUARY
S M T W T F S
1
2 3 4 5 6 7 8
9 10 11 12 13 14 15
16 17 18 19 20 21 22
23 24 25 26 27 28 29

FRIDAY
17

SATURDAY
18

SUNDAY
19

my ball rolled under the couch.
and i cannot reach it. the
human has been informed
of the issue. and reminded.
that my problems.
are their problems

January 2020

MONDAY
20

Martin Luther King Jr. Day (USA)

TUESDAY
21

WEDNESDAY
22

THURSDAY
23

JANUARY	FEBRUARY
S M T W T F S	S M T W T F S
1 2 3 4	1
5 6 7 8 9 10 11	2 3 4 5 6 7 8
12 13 14 15 16 17 18	9 10 11 12 13 14 15
19 20 21 22 23 24 25	16 17 18 19 20 21 22
26 27 28 29 30 31	23 24 25 26 27 28 29

FRIDAY
24

SATURDAY
25

Australia Day

SUNDAY
26

if your day didn't go well. that's perfectly
fine. because now you get to
dream. and who knows what
could happen. i hope i dream
i'm a penguin. so i can
zoom on my belly

Jan-Feb 2020

MONDAY
27

Australia Day (observed)

TUESDAY
28

WEDNESDAY
29

THURSDAY
30

JANUARY
S M T W T F S
1 2 3 4
5 6 7 8 9 10 11
12 13 14 15 16 17 18
19 20 21 22 23 24 25
26 27 28 29 30 31

FEBRUARY
S M T W T F S
1
2 3 4 5 6 7 8
9 10 11 12 13 14 15
16 17 18 19 20 21 22
23 24 25 26 27 28 29

FRIDAY
31

SATURDAY
1

SUNDAY
2

if you hear a single bork.
and then absolute silence.
that was me. testing the
acoustics of the household

February 2020

MONDAY
3

TUESDAY
4

WEDNESDAY
5

Waitangi Day (NZ)

THURSDAY
6

FEBRUARY	MARCH
S M T W T F S	S M T W T F S
1	1 2 3 4 5 6 7
2 3 4 5 6 7 8	8 9 10 11 12 13 14
9 10 11 12 13 14 15	15 16 17 18 19 20 21
16 17 18 19 20 21 22	22 23 24 25 26 27 28
23 24 25 26 27 28 29	29 30 31

FRIDAY
7

SATURDAY
8

SUNDAY
9

the human says there are two
options. inside or outside. but if
they would elevate their mindset.
they would uncover a third option:
stand in the doorway. and sniff
the air

February 2020

MONDAY
10

TUESDAY
11

WEDNESDAY
12

THURSDAY
13

FEBRUARY	MARCH
S M T W T F S	S M T W T F S
1	1 2 3 4 5 6 7
2 3 4 5 6 7 8	8 9 10 11 12 13 14
9 10 11 12 13 14 15	15 16 17 18 19 20 21
16 17 18 19 20 21 22	22 23 24 25 26 27 28
23 24 25 26 27 28 29	29 30 31

St. Valentine's Day

FRIDAY
14

SATURDAY
15

SUNDAY
16

sometimes. the human presses
their noggin against mine. to
figure out what i'm thinking.
so i just think really hard.
about how much i love them.
and hope they figure it out

February 2020

MONDAY
17

TUESDAY
18

WEDNESDAY
19

THURSDAY
20

FEBRUARY

S M T W T F S

						1
2	3	4	5	6	7	8
9	10	11	12	13	14	15
16	17	18	19	20	21	22
23	24	25	26	27	28	29

MARCH

S M T W T F S

1	2	3	4	5	6	7
8	9	10	11	12	13	14
15	16	17	18	19	20	21
22	23	24	25	26	27	28
29	30	31				

FRIDAY
21

SATURDAY
22

SUNDAY
23

sometimes. certain areas
of the floor. can be tastier
than others. this has
been a puplick surface
announcement

Feb-Mar 2020

MONDAY
24

TUESDAY
25

WEDNESDAY
26

Ash Wednesday

THURSDAY
27

FEBRUARY	MARCH
S M T W T F S	S M T W T F S
1	1 2 3 4 5 6 7
2 3 4 5 6 7 8	8 9 10 11 12 13 14
9 10 11 12 13 14 15	15 16 17 18 19 20 21
16 17 18 19 20 21 22	22 23 24 25 26 27 28
23 24 25 26 27 28 29	29 30 31

FRIDAY
28

SATURDAY
29

St. David's Day (UK)

SUNDAY
1

sometimes. i'll get really feisty.
and nibble on the human's
sleeve. to remind them i am a
descendant. of the mighty wolf

March 2020

MONDAY
2

TUESDAY
3

WEDNESDAY
4

THURSDAY
5

MARCH
S M T W T F S
1 2 3 4 5 6 7
8 9 10 11 12 13 14
15 16 17 18 19 20 21
22 23 24 25 26 27 28
29 30 31

APRIL
S M T W T F S
1 2 3 4
5 6 7 8 9 10 11
12 13 14 15 16 17 18
19 20 21 22 23 24 25
26 27 28 29 30

FRIDAY
6

SATURDAY
7

International Women's Day

SUNDAY
8

the human only smiled once
today. it was when i rolled
over. with my feets in the
air. and sneezed. so since then.
i've been lying on my back.
desperately trying to sneeze

March 2020

MONDAY
9

Eight Hours Day (Australia—TAS)
Canberra Day (Australia—ACT)
Labour Day (Australia—VIC)
Commonwealth Day (Australia, Canada, NZ, UK)

TUESDAY
10

Purim*

WEDNESDAY
11

THURSDAY
12

MARCH	APRIL
S M T W T F S	S M T W T F S
1 2 3 4 5 6 7	1 2 3 4
8 9 10 11 12 13 14	5 6 7 8 9 10 11
15 16 17 18 19 20 21	12 13 14 15 16 17 18
22 23 24 25 26 27 28	19 20 21 22 23 24 25
29 30 31	26 27 28 29 30

*Begins at sundown the previous day

FRIDAY
13

SATURDAY
14

SUNDAY
15

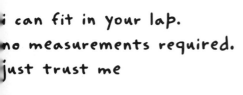

i can fit in your lap.
no measurements required.
just trust me

March 2020

MONDAY
16

TUESDAY
17

WEDNESDAY
18

THURSDAY
19

MARCH								APRIL						
S	M	T	W	T	F	S		S	M	T	W	T	F	S
1	2	3	4	5	6	7					1	2	3	4
8	9	10	11	12	13	14		5	6	7	8	9	10	11
15	16	17	18	19	20	21		12	13	14	15	16	17	18
22	23	24	25	26	27	28		19	20	21	22	23	24	25
29	30	31						26	27	28	29	30		

FRIDAY
20

SATURDAY
21

Mothering Sunday (Ireland, UK)

SUNDAY
22

i have stolen a yogurt lid from the trash. it's nothing personal. i was just feeling angsty. but now the human is chasing me. and i have no choice. but to evade them spectacularly

March 2020

MONDAY
23

TUESDAY
24

WEDNESDAY
25

THURSDAY
26

MARCH	APRIL
S M T W T F S	S M T W T F S
1 2 3 4 5 6 7	1 2 3 4
8 9 10 11 12 13 14	5 6 7 8 9 10 11
15 16 17 18 19 20 21	12 13 14 15 16 17 18
22 23 24 25 26 27 28	19 20 21 22 23 24 25
29 30 31	26 27 28 29 30

FRIDAY
27

SATURDAY
28

SUNDAY
29

occasionally. if i see a car
come down the street. i will trot
swiftly across the household.
while letting out tiny half borks.
this is to warn the car. that
am to be taken seriously

Mar-Apr 2020

MONDAY
30

TUESDAY
31

WEDNESDAY
1

THURSDAY
2

MARCH

S	M	T	W	T	F	S
1	2	3	4	5	6	7
8	9	10	11	12	13	14
15	16	17	18	19	20	21
22	23	24	25	26	27	28
29	30	31				

APRIL

S	M	T	W	T	F	S
			1	2	3	4
5	6	7	8	9	10	11
12	13	14	15	16	17	18
19	20	21	22	23	24	25
26	27	28	29	30		

FRIDAY

3

SATURDAY

4

Palm Sunday

SUNDAY

5

today. i wasn't a very good dog.
april fools. i was so good

April 2020

MONDAY
6

TUESDAY
7

WEDNESDAY
8

Passover*

THURSDAY
9

APRIL

S	M	T	W	T	F	S
			1	2	3	4
5	6	7	8	9	10	11
12	13	14	15	16	17	18
19	20	21	22	23	24	25
26	27	28	29	30		

MAY

S	M	T	W	T	F	S
					1	2
3	4	5	6	7	8	9
10	11	12	13	14	15	16
17	18	19	20	21	22	23
24	25	26	27	28	29	30
31						

*Begins at sundown the previous day

Good Friday (Western)

FRIDAY
10

Easter Saturday (Australia—except TAS, WA)

SATURDAY
11

Easter (Western)

SUNDAY
12

was performing a security lap
around the household. when i tripped
on a cord. shortly after. a lamp
fell off the table and broke.
there is no way to confirm.
what caused this

April 2020

MONDAY
13

Easter Monday (Australia, Canada, Ireland, NZ, UK—except Scotland)

TUESDAY
14

WEDNESDAY
15

THURSDAY
16

Passover ends

APRIL

S	M	T	W	T	F	S
			1	2	3	4
5	6	7	8	9	10	11
12	13	14	15	16	17	18
19	20	21	22	23	24	25
26	27	28	29	30		

MAY

S	M	T	W	T	F	S
					1	2
3	4	5	6	7	8	9
10	11	12	13	14	15	16
17	18	19	20	21	22	23
24	25	26	27	28	29	30
31						

Holy Friday (Orthodox)

FRIDAY
17

SATURDAY
18

Easter (Orthodox)

SUNDAY
19

something. you may not realize
you're allowed to do. is take
a snoozle. and then when
you wake up. immediately
start another one

April 2020

MONDAY
20

TUESDAY
21

WEDNESDAY
22

Earth Day

THURSDAY
23

Ramadan
St. George's Day (UK)

APRIL							MAY						
S	M	T	W	T	F	S	S	M	T	W	T	F	S
			1	2	3	4						1	2
5	6	7	8	9	10	11	3	4	5	6	7	8	9
12	13	14	15	16	17	18	10	11	12	13	14	15	16
19	20	21	22	23	24	25	17	18	19	20	21	22	23
26	27	28	29	30			24	25	26	27	28	29	30
							31						

FRIDAY
24

Anzac Day (NZ, Australia)

SATURDAY
25

SUNDAY
26

i had a long talk with my fren.
about how to spot a fake ball
throw. the optimal strategy.
is to follow the ball. with your
eyes. instead of your heart

Apr-May 2020

MONDAY
27

Anzac Day (observed) (NZ, Australia—WA)

TUESDAY
28

WEDNESDAY
29

THURSDAY
30

APRIL
S M T W T F S
1 2 3 4
5 6 7 8 9 10 11
12 13 14 15 16 17 18
19 20 21 22 23 24 25
26 27 28 29 30

MAY
S M T W T F S
1 2
3 4 5 6 7 8 9
10 11 12 13 14 15 16
17 18 19 20 21 22 23
24 25 26 27 28 29 30
31

FRIDAY
1

SATURDAY
2

SUNDAY
3

the human is flapping
my ears. and acting like
i'm flying. it is quite clear
i'm still on the ground. but
that's not important. i know
how much they enjoy this

May 2020

MONDAY
4

TUESDAY
5

WEDNESDAY
6

THURSDAY
7

MAY

S	M	T	W	T	F	S
					1	2
3	4	5	6	7	8	9
10	11	12	13	14	15	16
17	18	19	20	21	22	23
24	25	26	27	28	29	30
31

JUNE

S	M	T	W	T	F	S
	1	2	3	4	5	6
7	8	9	10	11	12	13
14	15	16	17	18	19	20
21	22	23	24	25	26	27
28	29	30

FRIDAY
8

SATURDAY
9

Mother's Day (USA, Australia, Canada, NZ)

SUNDAY
10

goooooob morning.
today is full of possibilities.
maybe i'll do things.
or maybe i won't

May 2020

MONDAY
11

TUESDAY
12

WEDNESDAY
13

THURSDAY
14

	MAY								JUNE					
S	M	T	W	T	F	S		S	M	T	W	T	F	S
					1	2			1	2	3	4	5	6
3	4	5	6	7	8	9		7	8	9	10	11	12	13
10	11	12	13	14	15	16		14	15	16	17	18	19	20
17	18	19	20	21	22	23		21	22	23	24	25	26	27
24	25	26	27	28	29	30		28	29	30				
31														

FRIDAY

15

Armed Forces Day (USA)

SATURDAY

16

SUNDAY

17

sometimes. i don't know
what to do. with all
my love. occasionally it
overflows. in the form
of a burp

May 2020

MONDAY
18
Victoria Day (Canada)

TUESDAY
19

WEDNESDAY
20

THURSDAY
21

MAY							JUNE						
S	M	T	W	T	F	S	S	M	T	W	T	F	S
					1	2		1	2	3	4	5	6
3	4	5	6	7	8	9	7	8	9	10	11	12	13
10	11	12	13	14	15	16	14	15	16	17	18	19	20
17	18	19	20	21	22	23	21	22	23	24	25	26	27
24	25	26	27	28	29	30	28	29	30				
31													

FRIDAY
22

Eid al-Fitr

SATURDAY
23

SUNDAY
24

alright. here's the deal.
i support and love you til
the end of time. and you.
give me that cheese stick

May 2020

MONDAY
25

Memorial Day (USA)
Spring Bank Holiday (UK)

TUESDAY
26

WEDNESDAY
27

THURSDAY
28

MAY							JUNE					
S	M	T	W	T	F	S	S	M	T	W	T	F	S
					1	2		1	2	3	4	5	6
3	4	5	6	7	8	9	7	8	9	10	11	12	13
10	11	12	13	14	15	16	14	15	16	17	18	19	20
17	18	19	20	21	22	23	21	22	23	24	25	26	27
24	25	26	27	28	29	30	28	29	30				
31												

FRIDAY
29

SATURDAY
30

SUNDAY
31

i hear a borking in the
distance. this means i too
must bork. so that everyone
knows i heard. the initial
borking. this is common
courtesy

June 2020

MONDAY

1

Queen's Birthday (NZ)
Western Australia Day
Spring Bank Holiday (Ireland)

TUESDAY

2

WEDNESDAY

3

THURSDAY

4

JUNE

S	M	T	W	T	F	S
	1	2	3	4	5	6
7	8	9	10	11	12	13
14	15	16	17	18	19	20
21	22	23	24	25	26	27
28	29	30				

JULY

S	M	T	W	T	F	S
			1	2	3	4
5	6	7	8	9	10	11
12	13	14	15	16	17	18
19	20	21	22	23	24	25
26	27	28	29	30	31	

FRIDAY
5

SATURDAY
6

SUNDAY
7

today i tried to eat a flower.
but the human saw me.
before i got a taste.
i have no excuse for
my actions. it just
looked yummy

June 2020

MONDAY
8

Queen's Birthday (Australia—except QLD, WA)

TUESDAY
9

WEDNESDAY
10

THURSDAY
11

JUNE	JULY
S M T W T F S	S M T W T F S
1 2 3 4 5 6	1 2 3 4
7 8 9 10 11 12 13	5 6 7 8 9 10 11
14 15 16 17 18 19 20	12 13 14 15 16 17 18
21 22 23 24 25 26 27	19 20 21 22 23 24 25
28 29 30	26 27 28 29 30 31

FRIDAY
12

SATURDAY
13

Flag Day (USA)

SUNDAY
14

the human hasn't smiled much
today. and i'm not sure why.
but i have a squeaker toy that
looks like a cupcake. and i'm
coming to the rescue

June 2020

MONDAY
15

TUESDAY
16

WEDNESDAY
17

THURSDAY
18

JUNE	JULY
S M T W T F S	S M T W T F S
1 2 3 4 5 6	1 2 3 4
7 8 9 10 11 12 13	5 6 7 8 9 10 11
14 15 16 17 18 19 20	12 13 14 15 16 17 18
21 22 23 24 25 26 27	19 20 21 22 23 24 25
28 29 30	26 27 28 29 30 31

FRIDAY
19

SATURDAY
20

Father's Day (USA, Canada, Ireland, UK)

SUNDAY
21

the small neighbor human. was
outside blowing magic rainbow
spheres. i tried to catch one.
but it disappeared. i have since
concluded. the small neighbor
human. is a wizard

June 2020

MONDAY
22

TUESDAY
23

WEDNESDAY
24

THURSDAY
25

JUNE							JULY						
S	M	T	W	T	F	S	S	M	T	W	T	F	S
	1	2	3	4	5	6				1	2	3	4
7	8	9	10	11	12	13	5	6	7	8	9	10	11
14	15	16	17	18	19	20	12	13	14	15	16	17	18
21	22	23	24	25	26	27	19	20	21	22	23	24	25
28	29	30					26	27	28	29	30	31	

FRIDAY
26

SATURDAY
27

SUNDAY
28

NE ARE IN THE CAR.
OT SURE WHERE WE'RE
HEADED. BUT THE WINDOWS
ARE DOWN. AND I'M
EATING THE WIND

Jun-Jul 2020

MONDAY
29

TUESDAY
30

WEDNESDAY
1

Canada Day

THURSDAY
2

JUNE	JULY
S M T W T F S	S M T W T F S
1 2 3 4 5 6	1 2 3 4
7 8 9 10 11 12 13	5 6 7 8 9 10 11
14 15 16 17 18 19 20	12 13 14 15 16 17 18
21 22 23 24 25 26 27	19 20 21 22 23 24 25
28 29 30	26 27 28 29 30 31

FRIDAY
3

Independence Day (USA)

SATURDAY
4

SUNDAY
5

i just woke up from my early afternoon
snoozle. which means we're not
far away. from the midafternoon
snoozle. but i may have to
reschedule. the pre-evening
snoozle. i'm just too busy

July 2020

MONDAY
6

TUESDAY
7

WEDNESDAY
8

THURSDAY
9

JULY

S	M	T	W	T	F	S
			1	2	3	4
5	6	7	8	9	10	11
12	13	14	15	16	17	18
19	20	21	22	23	24	25
26	27	28	29	30	31	

AUGUST

S	M	T	W	T	F	S
						1
2	3	4	5	6	7	8
9	10	11	12	13	14	15
16	17	18	19	20	21	22
23	24	25	26	27	28	29
30	31					

FRIDAY
10

SATURDAY
11

SUNDAY
12

hi. it's me again. i love you

hi there

July 2020

MONDAY
13

TUESDAY
14

WEDNESDAY
15

THURSDAY
16

JULY

S	M	T	W	T	F	S
			1	2	3	4
5	6	7	8	9	10	11
12	13	14	15	16	17	18
19	20	21	22	23	24	25
26	27	28	29	30	31	

AUGUST

S	M	T	W	T	F	S
						1
2	3	4	5	6	7	8
9	10	11	12	13	14	15
16	17	18	19	20	21	22
23	24	25	26	27	28	29
30	31					

FRIDAY

17

SATURDAY

18

SUNDAY

19

sometimes. i lie down
during a walk. and
refuse to get up. so
the human has no
choice. but to spend
more time with me

July 2020

MONDAY
20

TUESDAY
21

WEDNESDAY
22

THURSDAY
23

JULY

S	M	T	W	T	F	S
			1	2	3	4
5	6	7	8	9	10	11
12	13	14	15	16	17	18
19	20	21	22	23	24	25
26	27	28	29	30	31	

AUGUST

S	M	T	W	T	F	S
						1
2	3	4	5	6	7	8
9	10	11	12	13	14	15
16	17	18	19	20	21	22
23	24	25	26	27	28	29
30	31					

FRIDAY
24

SATURDAY
25

SUNDAY
26

the human said they might make pancakes in the
morning. so the faster i fall
asleep. the sooner i get
a pancake. as you can imagine.
it is hard to snoozle. under
so much pressure

Jul-Aug 2020

MONDAY
27

TUESDAY
28

WEDNESDAY
29

Eid al-Adha
THURSDAY
30

JULY

S	M	T	W	T	F	S
			1	2	3	4
5	6	7	8	9	10	11
12	13	14	15	16	17	18
19	20	21	22	23	24	25
26	27	28	29	30	31	

AUGUST

S	M	T	W	T	F	S
						1
2	3	4	5	6	7	8
9	10	11	12	13	14	15
16	17	18	19	20	21	22
23	24	25	26	27	28	29
30	31					

FRIDAY

31

SATURDAY

1

SUNDAY

2

i found the perfect
spot in the yard.
where the sun shines
through the trees.
and toasts me like
a marshmallow

August 2020

MONDAY
3

Summer Bank Holiday (Ireland, UK—Scotland, Australia—NSW)
Picnic Day (Australia—NT)

TUESDAY
4

WEDNESDAY
5

THURSDAY
6

AUGUST
S M T W T F S
                    1
2 3 4 5 6 7 8
9 10 11 12 13 14 15
16 17 18 19 20 21 22
23 24 25 26 27 28 29
30 31

SEPTEMBER
S M T W T F S
       1 2 3 4 5
6 7 8 9 10 11 12
13 14 15 16 17 18 19
20 21 22 23 24 25 26
27 28 29 30

FRIDAY

7

SATURDAY

8

SUNDAY

9

sometimes. the human gets
sad. and i don't know why.
but if i jump in their lap.
and stay there. i can usually
fix it

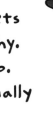

August 2020

MONDAY
10

TUESDAY
11

WEDNESDAY
12

THURSDAY
13

AUGUST
S M T W T F S
. 1
2 3 4 5 6 7 8
9 10 11 12 13 14 15
16 17 18 19 20 21 22
23 24 25 26 27 28 29
30 31

SEPTEMBER
S M T W T F S
. . 1 2 3 4 5
6 7 8 9 10 11 12
13 14 15 16 17 18 19
20 21 22 23 24 25 26
27 28 29 30

FRIDAY
14

SATURDAY
15

SUNDAY
16

i acted like i needed to
go to the bathroom. but
actually. i just wanted to
feel. some raindrops on
my noggin

August 2020

MONDAY
17

TUESDAY
18

WEDNESDAY
19

THURSDAY
20

AUGUST	SEPTEMBER
S M T W T F S	S M T W T F S
1	1 2 3 4 5
2 3 4 5 6 7 8	6 7 8 9 10 11 12
9 10 11 12 13 14 15	13 14 15 16 17 18 19
16 17 18 19 20 21 22	20 21 22 23 24 25 26
23 24 25 26 27 28 29	27 28 29 30
30 31	

FRIDAY
21

SATURDAY
22

SUNDAY
23

helped walk the small neighbor
human. to the bus at the end
of the street. i tried to get
on with them. but was denied.
they know that with an
education. i'd be too powerful

August 2020

MONDAY
24

TUESDAY
25

WEDNESDAY
26

THURSDAY
27

AUGUST
S M T W T F S
1
2 3 4 5 6 7 8
9 10 11 12 13 14 15
16 17 18 19 20 21 22
23 24 25 26 27 28 29
30 31

SEPTEMBER
S M T W T F S
1 2 3 4 5
6 7 8 9 10 11 12
13 14 15 16 17 18 19
20 21 22 23 24 25 26
27 28 29 30

FRIDAY
28

SATURDAY
29

SUNDAY
30

sometimes. i roll over onto my back.
with my feets in the air.
but then forget why i did.
so i slowly return to my side.
and hope no one saw me

Aug-Sep 2020

MONDAY
31

TUESDAY
1

WEDNESDAY
2

THURSDAY
3

AUGUST
S M T W T F S
                1
2 3 4 5 6 7 8
9 10 11 12 13 14 15
16 17 18 19 20 21 22
23 24 25 26 27 28 29
30 31

SEPTEMBER
S M T W T F S
          1 2 3 4 5
6 7 8 9 10 11 12
13 14 15 16 17 18 19
20 21 22 23 24 25 26
27 28 29 30

FRIDAY
4

SATURDAY
5

Father's Day (Australia, NZ)

SUNDAY
6

i found a button. and decided
to swallow it. but before i could.
the human jumped on me. from
like three rooms away. i guess
this particular button. means
a lot to them

September 2020

MONDAY
7
Labor Day (USA, Canada)

TUESDAY
8

WEDNESDAY
9

THURSDAY
10

SEPTEMBER	OCTOBER
S M T W T F S	S M T W T F S
1 2 3 4 5	1 2 3
6 7 8 9 10 11 12	4 5 6 7 8 9 10
13 14 15 16 17 18 19	11 12 13 14 15 16 17
20 21 22 23 24 25 26	18 19 20 21 22 23 24
27 28 29 30	25 26 27 28 29 30 31

FRIDAY
11

SATURDAY
12

SUNDAY
13

n order to get a treat. i'm
usually asked to sit. this is an
easy task. but when a treat
s on the line. i'm so excited.
can only do several half-sits.
think those should count

September 2020

MONDAY
14

TUESDAY
15

WEDNESDAY
16

THURSDAY
17

SEPTEMBER	OCTOBER
S M T W T F S	S M T W T F S
1 2 3 4 5	1 2 3
6 7 8 9 10 11 12	4 5 6 7 8 9 10
13 14 15 16 17 18 19	11 12 13 14 15 16 17
20 21 22 23 24 25 26	18 19 20 21 22 23 24
27 28 29 30	25 26 27 28 29 30 31

*Begins at sundown the previous day

FRIDAY
18

Rosh Hashanah*

SATURDAY
19

Rosh Hashanah ends

SUNDAY
20

sometimes. i wish the human
needed a hug. because secretly.
i do

September 2020

MONDAY
21

U.N. International Day of Peace

TUESDAY
22

WEDNESDAY
23

THURSDAY
24

SEPTEMBER	OCTOBER
S M T W T F S	S M T W T F S
1 2 3 4 5	1 2 3
6 7 8 9 10 11 12	4 5 6 7 8 9 10
13 14 15 16 17 18 19	11 12 13 14 15 16 17
20 21 22 23 24 25 26	18 19 20 21 22 23 24
27 28 29 30	25 26 27 28 29 30 31

FRIDAY
25

SATURDAY
26

SUNDAY
27

you snooze. you lose?
i don't think so. a snoozle.
is always a victory

Sep-Oct 2020

MONDAY
28

TUESDAY
29

WEDNESDAY
30

THURSDAY
1

SEPTEMBER
S M T W T F S
1 2 3 4 5
6 7 8 9 10 11 12
13 14 15 16 17 18 19
20 21 22 23 24 25 26
27 28 29 30

OCTOBER
S M T W T F S
1 2 3
4 5 6 7 8 9 10
11 12 13 14 15 16 17
18 19 20 21 22 23 24
25 26 27 28 29 30 31

Begins at sundown the previous day

FRIDAY
2

SATURDAY
3

SUNDAY
4

petting me with your foot.
only counts. as half a pet

October 2020

MONDAY
5

Labour Day (Australia—ACT, SA, NSW)
Queen's Birthday (Australia—QLD)

TUESDAY
6

WEDNESDAY
7

THURSDAY
8

OCTOBER	NOVEMBER
S M T W T F S	S M T W T F S
1 2 3	1 2 3 4 5 6 7
4 5 6 7 8 9 10	8 9 10 11 12 13 14
11 12 13 14 15 16 17	15 16 17 18 19 20 21
18 19 20 21 22 23 24	22 23 24 25 26 27 28
25 26 27 28 29 30 31	29 30

FRIDAY
9

SATURDAY
10

SUNDAY
11

gooooob morning. the human made
waffles. and i got to taste one.
what i'm trying to say. is never
give up on your dreams

October 2020

MONDAY
12

Columbus Day (USA)
Thanksgiving (Canada)

TUESDAY
13

WEDNESDAY
14

THURSDAY
15

OCTOBER
S M T W T F S
          1 2 3
4 5 6 7 8 9 10
11 12 13 14 15 16 17
18 19 20 21 22 23 24
25 26 27 28 29 30 31

NOVEMBER
S M T W T F S
1 2 3 4 5 6 7
8 9 10 11 12 13 14
15 16 17 18 19 20 21
22 23 24 25 26 27 28
29 30

FRIDAY
16

SATURDAY
17

SUNDAY
18

wet leaves don't crunch.
his is absurd

October 2020

MONDAY
19

TUESDAY
20

WEDNESDAY
21

THURSDAY
22

OCTOBER

S	M	T	W	T	F	S
				1	2	3
4	5	6	7	8	9	10
11	12	13	14	15	16	17
18	19	20	21	22	23	24
25	26	27	28	29	30	31

NOVEMBER

S	M	T	W	T	F	S
1	2	3	4	5	6	7
8	9	10	11	12	13	14
15	16	17	18	19	20	21
22	23	24	25	26	27	28
29	30					

FRIDAY
23

United Nations Day

SATURDAY
24

SUNDAY
25

sometimes. i get excited.
and all i want to do is wag
my tail. but every single
time. it is my whole body
that wags

Oct-Nov 2020

MONDAY
26

TUESDAY
27

WEDNESDAY
28

THURSDAY
29

OCTOBER
S M T W T F S
1 2 3
4 5 6 7 8 9 10
11 12 13 14 15 16 17
18 19 20 21 22 23 24
25 26 27 28 29 30 31

NOVEMBER
S M T W T F S
1 2 3 4 5 6 7
8 9 10 11 12 13 14
15 16 17 18 19 20 21
22 23 24 25 26 27 28
29 30

FRIDAY

30

Halloween

SATURDAY

31

SUNDAY

1

i drank all the water in my
bowl earlier. but just now.
i returned to the same bowl.
and it was full again. the
bowl is haunted

November 2020

MONDAY
2

TUESDAY
3

Election Day (USA)

WEDNESDAY
4

THURSDAY
5

NOVEMBER	DECEMBER
S M T W T F S	S M T W T F S
1 2 3 4 5 6 7	1 2 3 4 5
8 9 10 11 12 13 14	6 7 8 9 10 11 12
15 16 17 18 19 20 21	13 14 15 16 17 18 19
22 23 24 25 26 27 28	20 21 22 23 24 25 26
29 30	27 28 29 30 31

FRIDAY

6

SATURDAY

7

SUNDAY

8

know. you've got a lot going
on right now. but guess what.
love you

November 2020

MONDAY
9

TUESDAY
10

WEDNESDAY
11

Veterans' Day (USA)
Remembrance Day (Canada, Ireland, UK)

THURSDAY
12

NOVEMBER
S M T W T F S
1 2 3 4 5 6 7
8 9 10 11 12 13 14
15 16 17 18 19 20 21
22 23 24 25 26 27 28
29 30

DECEMBER
S M T W T F S
1 2 3 4 5
6 7 8 9 10 11 12
13 14 15 16 17 18 19
20 21 22 23 24 25 26
27 28 29 30 31

FRIDAY
13

SATURDAY
14

SUNDAY
15

every time i get brushed. i have
to take my collar off. the human
always laughs. and says that i'm
naked. but joke's on them. i'm
very confident in my body

November 2020

MONDAY
16

16 oz water
11:45 retroperitoneil

TUESDAY
17

WEDNESDAY
18

THURSDAY
19

NOVEMBER	DECEMBER
S M T W T F S	S M T W T F S
1 2 3 4 5 6 7	1 2 3 4 5
8 9 10 11 12 13 14	6 7 8 9 10 11 12
15 16 17 18 19 20 21	13 14 15 16 17 18 19
22 23 24 25 26 27 28	20 21 22 23 24 25 26
29 30	27 28 29 30 31

FRIDAY
20

SATURDAY
21

SUNDAY
22

gooooob morning. the human
s off to do whatever the
human does. and i am off.
to try to fit. my entire
foot in my ear

November 2020

MONDAY
23

TUESDAY
24

WEDNESDAY
25

THURSDAY
26

Thanksgiving (USA)

NOVEMBER							DECEMBER						
S	M	T	W	T	F	S	S	M	T	W	T	F	S
1	2	3	4	5	6	7			1	2	3	4	5
8	9	10	11	12	13	14	6	7	8	9	10	11	12
15	16	17	18	19	20	21	13	14	15	16	17	18	19
22	23	24	25	26	27	28	20	21	22	23	24	25	26
29	30						27	28	29	30	31		

FRIDAY
27

SATURDAY
28

SUNDAY
29

do not lint roll. my hair off
of you. that was a gift

Nov-Dec 2020

MONDAY
30

TUESDAY
1

WEDNESDAY
2

THURSDAY
3

NOVEMBER
S M T W T F S
1 2 3 4 5 6 7
8 9 10 11 12 13 14
15 16 17 18 19 20 21
22 23 24 25 26 27 28
29 30

DECEMBER
S M T W T F S
1 2 3 4 5
6 7 8 9 10 11 12
13 14 15 16 17 18 19
20 21 22 23 24 25 26
27 28 29 30 31

FRIDAY

4

SATURDAY

5

SUNDAY

6

i didn't do much of anything today.
but that's alright.
it's best to stay consistent

December 2020

MONDAY
7

TUESDAY
8

WEDNESDAY
9

THURSDAY

Human Rights Day

10

DECEMBER
S M T W T F S
1 2 3 4 5
6 7 8 9 10 11 12
13 14 15 16 17 18 19
20 21 22 23 24 25 26
27 28 29 30 31

JANUARY
S M T W T F S
1 2
3 4 5 6 7 8 9
10 11 12 13 14 15 16
17 18 19 20 21 22 23
24 25 26 27 28 29 30
31

*Begins at sundown the previous day

Hanukkah*

FRIDAY

11

SATURDAY

12

SUNDAY

13

i will grr. if i sense danger.
i will grrbork. if the danger
is confirmed. but usually
i am wrong. about what is.
and what isn't. a danger

December 2020

MONDAY
14

TUESDAY
15

WEDNESDAY
16

THURSDAY
17

DECEMBER	JANUARY
S M T W T F S	S M T W T F S
1 2 3 4 5	1 2
6 7 8 9 10 11 12	3 4 5 6 7 8 9
13 14 15 16 17 18 19	10 11 12 13 14 15 16
20 21 22 23 24 25 26	17 18 19 20 21 22 23
27 28 29 30 31	24 25 26 27 28 29 30
	31

Hanukkah ends

FRIDAY
18

SATURDAY
19

SUNDAY
20

every time the human comes
home. i must be ready with
a gift. most of the time they
return unexpectedly. and i panic.
so the gift is almost always.
whatever is closest to me

December 2020

MONDAY
21

TUESDAY
22

WEDNESDAY
23

Christmas Eve

THURSDAY
24

DECEMBER
S M T W T F S
1 2 3 4 5
6 7 8 9 10 11 12
13 14 15 16 17 18 19
20 21 22 23 24 25 26
27 28 29 30 31

JANUARY
S M T W T F S
1 2
3 4 5 6 7 8 9
10 11 12 13 14 15 16
17 18 19 20 21 22 23
24 25 26 27 28 29 30
31

Christmas Day

FRIDAY
25

Kwanzaa begins (USA)
Boxing Day (Canada, NZ, UK, Australia—except SA)
St. Stephen's Day (Ireland)

SATURDAY
26

SUNDAY
27

goooooob morning.
may your zooms be speedy.
and your tail thuds.
echo with love

Dec 2020 – Jan 2021

MONDAY
28

Boxing Day (observed) (NZ, UK, Australia—except SA)
Proclamation Day (Australia—SA)

TUESDAY
29

WEDNESDAY
30

THURSDAY
31

DECEMBER	JANUARY
S M T W T F S	S M T W T F S
1 2 3 4 5	1 2
6 7 8 9 10 11 12	3 4 5 6 7 8 9
13 14 15 16 17 18 19	10 11 12 13 14 15 16
20 21 22 23 24 25 26	17 18 19 20 21 22 23
27 28 29 30 31	24 25 26 27 28 29 30
	31

New Year's Day
Kwanzaa ends (USA)

FRIDAY

1

SATURDAY

2

SUNDAY

3

ometimes. you have to spin
n circles. to appreciate all
that's around you

2021 Planning

JANUARY

FEBRUARY

MARCH

APRIL

MAY

JUNE

2021 Planning

JULY

AUGUST

SEPTEMBER

OCTOBER

NOVEMBER

DECEMBER

2019

JANUARY

S	M	T	W	T	F	S
		1	2	3	4	5
6	7	8	9	10	11	12
13	14	15	16	17	18	19
20	21	22	23	24	25	26
27	28	29	30	31		

FEBRUARY

S	M	T	W	T	F	S
					1	2
3	4	5	6	7	8	9
10	11	12	13	14	15	16
17	18	19	20	21	22	23
24	25	26	27	28		

MARCH

S	M	T	W	T	F	S
					1	2
3	4	5	6	7	8	9
10	11	12	13	14	15	16
17	18	19	20	21	22	23
24	25	26	27	28	29	30
31						

APRIL

S	M	T	W	T	F	S
	1	2	3	4	5	6
7	8	9	10	11	12	13
14	15	16	17	18	19	20
21	22	23	24	25	26	27
28	29	30				

MAY

S	M	T	W	T	F	S
			1	2	3	4
5	6	7	8	9	10	11
12	13	14	15	16	17	18
19	20	21	22	23	24	25
26	27	28	29	30	31	

JUNE

S	M	T	W	T	F	S
						1
2	3	4	5	6	7	8
9	10	11	12	13	14	15
16	17	18	19	20	21	22
23	24	25	26	27	28	29
30						

JULY

S	M	T	W	T	F	S
	1	2	3	4	5	6
7	8	9	10	11	12	13
14	15	16	17	18	19	20
21	22	23	24	25	26	27
28	29	30	31			

AUGUST

S	M	T	W	T	F	S
				1	2	3
4	5	6	7	8	9	10
11	12	13	14	15	16	17
18	19	20	21	22	23	24
25	26	27	28	29	30	31

SEPTEMBER

S	M	T	W	T	F	S
1	2	3	4	5	6	7
8	9	10	11	12	13	14
15	16	17	18	19	20	21
22	23	24	25	26	27	28
29	30					

OCTOBER

S	M	T	W	T	F	S
		1	2	3	4	5
6	7	8	9	10	11	12
13	14	15	16	17	18	19
20	21	22	23	24	25	26
27	28	29	30	31		

NOVEMBER

S	M	T	W	T	F	S
					1	2
3	4	5	6	7	8	9
10	11	12	13	14	15	16
17	18	19	20	21	22	23
24	25	26	27	28	29	30

DECEMBER

S	M	T	W	T	F	S
1	2	3	4	5	6	7
8	9	10	11	12	13	14
15	16	17	18	19	20	21
22	23	24	25	26	27	28
29	30	31				

2021

JANUARY

S	M	T	W	T	F	S
					1	2
3	4	5	6	7	8	9
10	11	12	13	14	15	16
17	18	19	20	21	22	23
24	25	26	27	28	29	30
31						

FEBRUARY

S	M	T	W	T	F	S
	1	2	3	4	5	6
7	8	9	10	11	12	13
14	15	16	17	18	19	20
21	22	23	24	25	26	27
28						

MARCH

S	M	T	W	T	F	S
	1	2	3	4	5	6
7	8	9	10	11	12	13
14	15	16	17	18	19	20
21	22	23	24	25	26	27
28	29	30	31			

APRIL

S	M	T	W	T	F	S
				1	2	3
4	5	6	7	8	9	10
11	12	13	14	15	16	17
18	19	20	21	22	23	24
25	26	27	28	29	30	

MAY

S	M	T	W	T	F	S
						1
2	3	4	5	6	7	8
9	10	11	12	13	14	15
16	17	18	19	20	21	22
23	24	25	26	27	28	29
30	31					

JUNE

S	M	T	W	T	F	S
		1	2	3	4	5
6	7	8	9	10	11	12
13	14	15	16	17	18	19
20	21	22	23	24	25	26
27	28	29	30			

JULY

S	M	T	W	T	F	S
				1	2	3
4	5	6	7	8	9	10
11	12	13	14	15	16	17
18	19	20	21	22	23	24
25	26	27	28	29	30	31

AUGUST

S	M	T	W	T	F	S
1	2	3	4	5	6	7
8	9	10	11	12	13	14
15	16	17	18	19	20	21
22	23	24	25	26	27	28
29	30	31				

SEPTEMBER

S	M	T	W	T	F	S
			1	2	3	4
5	6	7	8	9	10	11
12	13	14	15	16	17	18
19	20	21	22	23	24	25
26	27	28	29	30		

OCTOBER

S	M	T	W	T	F	S
					1	2
3	4	5	6	7	8	9
10	11	12	13	14	15	16
17	18	19	20	21	22	23
24	25	26	27	28	29	30
31						

NOVEMBER

S	M	T	W	T	F	S
	1	2	3	4	5	6
7	8	9	10	11	12	13
14	15	16	17	18	19	20
21	22	23	24	25	26	27
28	29	30				

DECEMBER

S	M	T	W	T	F	S
			1	2	3	4
5	6	7	8	9	10	11
12	13	14	15	16	17	18
19	20	21	22	23	24	25
26	27	28	29	30	31	

Notes

Notes

Notes

Notes

Notes

Notes

Notes

Notes

Notes

Notes

Notes